EL SENDERO DE LA INVERSIÓN

La Historia de Simón Salas

ANTONIO VICTOR SALAS DUAL

El personaje Simón Salas en este libro es ficticio. Cualquier similitud con alguna persona real, viva o muerta, es coincidencia y no es intención del autor.

Dedicado a mi preciosa y joven novia Eliana Isabel Santos Ortiz, con la que me siento obligado, más que nunca, a conseguir mis grandes metas, el éxito y salvar el mundo.

A mis maravillosas hijas Patricia, Marina y Andrea, que siempre las llevo en mi corazón.

A mi padre, Antonio Salas Zambrana, hombre valiente, padre de 10 hijos, del que aprendí a enfrentarme a la vida y a levantarme desde mis cenizas.

A mi madre, Conchita Dual Dual, la que me introdujo en el mundo del conocimiento y la investigación de los sistemas político-económicos de las antiguas civilizaciones perdidas. Gracias a ello pude descifrar el gran enigma sobre cuál fue factor común que las llevó a todas a su desaparición. Y así pude comenzar a crear éterbios, el nuevo sistema político-económico que reemplazará al viejo capitalismo y podremos colonizar el Sistema Solar en tiempo récord.

Y a mi abuelo materno, Víctor Poo Gómez, padre adoptivo de mi madre, un hombre muy bueno y educado, que me transmitió muchas emociones y valores humanos muy elevados durante toda vida, por haber creído en mí siempre y haberme dado todo su apoyo.

"Si buscas resultados, no hagas siempre lo mismo."

ALBERT EINSTEIN

CONTENTS

Preámbulo

Una guía práctica rápida para las inveriones en bolsa, que enseña las técnicas utilizadas por los grandes mejores inversores más famosos y dónde han invertido. A su vez enseña a autocontrolar las emociones de una manera ins-tructiva.

Introducción

La siguiente historia del personaje ficticio Simón Salas narra los errores típicos cometidos por inversores exitosos. A medida que Simón aprende de ellos, va desarrollando su propia estrategia de inversión exitosa, la cual se detalla minuciosamente en el capítulo 10 y su continuación. Además, se explora cómo Simón maneja sus emociones para tomar decisiones acertadas al comprar, vender o mantener la calma en los momentos adecuados. Se trata de una narración cargada de consejos probadamente exitosos, y cuyo personaje resultará fácilmente identificable para muchos lectores.

Al final de esta historia, se presenta una lista de los diez inversores más destacados, detallando sus respectivas estrategias de inversión y las últimas empresas conocidas en las que invirtieron. Todo ello se ofrece sin explicaciones superfluas, como resultado de un arduo trabajo de investigación que busca agilizar el proceso de aprendizaje sobre los gurús de las inversiones. Este esfuerzo tiene como objetivo principal ahorrar un valioso tiempo a los lectores, concentrando información precisa y bien organizada en este libro, evitando cualquier tipo de relleno.

PREFACIO

Sobre El Autor

Escrito por Antonio Víctor Salas Dual, español de 53 años. Informático evolutivo, inventor, fundador de la primera asociación astronómica Híades de Alcalá de Guadaíra, Sevilla, España, político local, creador del próximo nuevo sistema político-económico éterbios (etherbios, en inglés) que va a cambiar el mundo.

PRÓLOGO

1. CONTEXTO: Para aquellos que deseen aprender de una manera breve y precisa cómo invertir en bolsa utilizando las técnicas de los mejores inversores de la época. Y cómo controlar sus emociones. Todo ello

2. ANTECEDENTES: Muchos han escrito libros sobre las inversiones en bolsa y hablado sobre los grandes inversores de éxito. Pero casi todos, por no decir todos, prácticamente se dedican a idolatrarlos sin dar detalles claros sobre sus técnicas de inversión específicas ni en qué empresas invirtieron. Además incluyen demasiado relleno prescindible que solo provocan cansancio al lector y pérdida de tiempo. Se me ocurrió la idea de escribir este libro yendo al grano, dando detalles sin rodeos sobre las técnicas utilizadas por los grandes gurús de las inversiones. A su vez he creado una historia de un personaje al que he llamado Simón Salas, que se adentra en las inversiones de bolsa, cuyas pautas de conducta a lo largo de su aprendizaje y autocontrol de las emociones son bastante instructivas.

3. OBJETIVO: Con este libro el lector aprenderá rápidamente a invertir aprendiendo de los mejores. Pero sin rodeos ni relleno innecesario, ahorrandole mucho tiempo en la búsqueda de información y dinero.

CAPÍTULO 1: UN COMIENZO INESPERADO

Simón Salas, un hombre de 33 años con una vida aparentemente normal, se encontraba atrapado en la monotonía de su rutina diaria en las afueras de Madrid. Como ingeniero en una empresa de tecnología, pasaba sus días inmerso en la resolución de problemas técnicos y el diseño de soluciones para proyectos de software. A pesar de disfrutar de su trabajo, Simón sentía que le faltaba algo en su vida, algo que no podía identificar claramente.

Una tarde de primavera, después de una jornada agotadora en la oficina, Simón decidió dar un paseo por el parque cerca de su casa. Mientras caminaba entre los árboles y el césped verde, su mente divagaba, buscando respuestas a las preguntas que lo atormentaban. ¿Qué más podría haber en la vida además del trabajo y las respon-sabilidades diarias? ¿Existía alguna forma de alcanzar una verdadera realización personal y financiera?

Al llegar al final del sendero, Simón se encontró frente a la biblioteca local. Había pasado años sin entrar en ese lugar, pero algo lo impulsó a cruzar las puertas y adentrarse en el mundo de los libros y el conocimiento. Sin un destino específico en mente, comenzó a recorrer los estantes, dejándose llevar por la curiosidad y la intuición.

Fue entonces cuando sus ojos se posaron en un libro que destacaba entre los demás: "Invertir en Bolsa para Principiantes".

La portada mostraba gráficos de acciones y un título llamativo en letras doradas. Intrigado, Simón tomó el libro entre sus manos y comenzó a hojearlo, sin saber que ese simple acto cambiaría el curso de su vida para siempre.

Las primeras páginas del libro le introdujeron en el fascinante mundo de la inversión en bolsa, explicando conceptos básicos como acciones, bonos, fondos mutuos y dividendos. A medida que avanzaba en la lectura, la cu-rosidad de Simón se transformaba en fascinación. Nunca antes había considerado la posibilidad de invertir en el mercado de valores, pero ahora, frente a él, se abría un mundo de oportunidades y posibilidades infinitas.

Hora tras hora, Simón devoró cada página del libro, absorbiendo cada palabra con avidez y entusiasmo. Descubrió estrategias para construir una cartera de inversión diversificada, gestionar el riesgo y maximizar los rendimientos a largo plazo. Para él, era como si se hubiera abierto una puerta a un nuevo universo de conocimiento y potencial, y estaba decidido a explorarlo hasta el final.

A medida que el sol se ponía en el horizonte y las luces de la biblioteca se atenuaban, Simón finalmente cerró el libro y salió al mundo exterior. Sin embargo, dentro de él ardía una llama recién encendida, una pasión por la inversión en bolsa que lo acompañaría en su viaje hacia la realización personal y financiera. El primer paso estaba dado, y no había vuelta atrás.

A partir de esa noche, la vida de Simón Salas nunca volvería a ser la misma. Había encontrado su camino hacia un futuro más brillante y emocionante, un futuro en el que la libertad financiera y el éxito estaban al alcance de su mano. Con determinación y dedicación, estaba listo para enfrentar los desafíos que se interponían en su camino y convertirse en el arquitecto de su propio destino.

CAPÍTULO 2: DESCUBRIENDO A LOS MAESTROS

Tras su reveladora experiencia en la biblioteca, Simón Salas se sumerge en un mundo de co-nocimiento financiero y se propone descubrir más sobre los maestros de la inversión en bolsa. Decidido a aprender de los mejores, se embarca en una búsqueda exhaustiva de información sobre aquellos que han dejado una huella indeleble en el mundo de las finanzas.

Su primera parada lo lleva a investigar la vida y las estrategias de Warren Buffett, considerado por muchos como el mejor inversor de todos los tiempos. Simón se sumerge en biografías, artículos y entrevistas, tratando de comprender la mente detrás del legendario inversor conocido como el "Oráculo de Omaha". Descubre que Buffett es un firme creyente en la inversión a largo plazo en empresas sólidas con ventajas competitivas duraderas, y toma nota de sus consejos sobre la importancia de mantener la calma durante las fluctuaciones del mercado.

Después de profundizar en el mundo de Buffett, Simón se dirige hacia George Soros, un inversor famoso por su enfoque agresivo y su habilidad para anticipar y capitalizar los cambios en los mercados financieros. A través de la lectura de libros y artículos sobre Soros, Simón aprende sobre su teoría de la reflexividad y su enfoque contrarian en la inversión. Queda impresionado por la audacia y la determinación de Soros, y se pregunta cómo puede aplicar sus ideas a su propia estrategia de inversión.

El siguiente maestro en la lista de Simón es Peter Lynch, cuyo enfoque en la inversión en empresas que comprende y en las que cree le ha valido el título de uno de los gestores de fondos más exitosos de todos los tiempos. A través de la lectura de libros como

"Un paso por delante en Wall Street", Simón absorbe las lecciones de Lynch sobre cómo identificar empresas con un potencial de crecimiento sólido y aprovechar las oportunidades de inversión en el mercado.

Continuando con su investigación, Simón estudia la estrategia de John Templeton, un inversor conocido por su enfoque global y su capacidad para encontrar valor en los mercados internacionales. A medida que profundiza en las estrategias de Templeton, Simón descubre la impor-tancia de la diversificación y la paciencia en la inversión, así como la necesidad de mantener una mente abierta y estar dispuesto a explorar oportunidades en todo el mundo.

Siguiendo con su lista de maestros, Simón se sumerge en las enseñanzas de Benjamin Graham, considerado el padre del análisis fundamental y el mentor de Warren Buffett. A través de la lectura de "El inversor inteligente", Simón aprende sobre el concepto de "valor intrínseco" y la importancia de comprar acciones con un margen de seguridad. También toma nota de la famosa estrategia de Graham de "Mr. Market" y su consejo de tratar al mercado como un socio comercial irracional pero ocasionalmente útil.

A medida que avanza en su investigación, Simón descubre más maestros de la inversión cuyas estrategias y filosofías le inspiran y le enseñan lecciones valiosas. Estudia las estrategias de Charlie Munger, el socio comercial de Warren Buffett, que enfatiza la importancia del pensamiento multidisciplinario y el aprendizaje continuo. También explora las ideas de John Bogle, el fundador de Vanguard Group, sobre la importancia de la inversión pasiva y los fondos indexados en la construcción de una cartera de inversión diversificada y de bajo costo.

A medida que profundiza en la vida y las estrategias de estos maestros de la inversión, Simón comienza a ver patrones comunes y principios fundamentales que sub-yacen a sus enfoques individuales. Se da cuenta de que, si bien cada inversor tiene su propio estilo y filosofía, todos comparten un compromiso inquebrantable con la disci-plina, la paciencia y la diligencia en la toma de decisiones de inversión.

Después de semanas de investigación exhaustiva, Simón emerge con un nuevo sentido de claridad y propósito. Ha absorbido las lecciones de los maestros de la inversión y está listo para aplicarlas a su propia estrategia de inversión en bolsa. A medida que avanza en su viaje, sabe que tendrá que enfrentarse a desafíos y obstáculos, pero está decidido a perseverar y alcanzar sus metas financieras con determinación y dedicación.

Con un profundo agradecimiento por las enseñanzas de los maestros de la inversión, Simón se prepara para el siguiente capítulo de su viaje, sabiendo que lleva consigo una invaluable sabiduría que lo guiará en su búsqueda de la libertad financiera y el éxito en el mercado de valores.

CAPÍTULO 3: LAS PRIMERAS INVERSIONES

Después de absorber las lecciones de los maestros de la inversión, Simón Salas se siente inspirado y listo para dar el siguiente paso en su viaje hacia la libertad financiera. Armado con conocimientos recién adquiridos y una determinación renovada, decide aventurarse en el emocionante mundo de la inversión en bolsa.

Con una cantidad modesta de dinero ahorrado, Simón abre una cuenta de corretaje en línea y se sumerge en el proceso de investigación y análisis de acciones. Utilizando las estrategias que ha aprendido de sus mentores financieros, comienza a buscar empresas sólidas con un potencial de crecimiento a largo plazo.

Su primera inversión es en una empresa tecnológica emergente que ha estado recibiendo mucha atención en los medios financieros. Después de realizar un exhaus-tivo análisis fundamental y técnico, Simón decide comprar acciones de la empresa, confiando en su capacidad para innovar y expandirse en el mercado.

Los primeros días después de realizar su inversión son emocionantes y llenos de anticipación. Simón sigue de cerca el rendimiento de sus acciones, observando cada fluctuación del mercado con atención. A medida que las semanas pasan, su inversión comienza a mostrar signos de éxito, y Simón se siente alentado por su decisión de confiar en sus propias habilidades y conocimientos.

Sin embargo, la alegría de su primer éxito en el mercado se ve empañada por una serie de pérdidas en otras inversiones.

Simón experimenta el doloroso golpe de ver caer el valor de sus acciones, y se enfrenta a la realidad de que el mercado puede ser impredecible y volátil en ocasiones.

A pesar de estos reveses, Simón se niega a darse por vencido. Utiliza cada pérdida como una oportunidad para aprender y mejorar su estrategia de inversión. Analiza en detalle sus errores y busca formas de evitar cometer los mismos errores en el futuro.

Con el tiempo, Simón comienza a desarrollar un enfoque más disciplinado y metódico para la inversión en bolsa. Aprende a establecer objetivos claros y realistas, a diversificar su cartera y a mantener la calma durante los momentos de incertidumbre en el mercado.

A medida que su confianza y experiencia en el mundo de la inversión crecen, Simón comienza a explorar nuevas oportunidades y estrategias. Experimenta con la inversión en fondos mutuos y ETFs, buscando formas de maximizar su rendimiento y minimizar su riesgo.

A lo largo de este proceso, Simón se da cuenta de que la inversión en bolsa es mucho más que simplemente comprar y vender acciones. Es un viaje de autodescubrimiento y crecimiento personal, que requiere paciencia, disciplina y una mentalidad abierta hacia el aprendizaje continuo.

Al final del Capítulo 3, Simón se encuentra en un lugar de introspección y reflexión. A pesar de los desafíos y obstáculos que ha enfrentado en su camino, sigue comprometido con su objetivo de alcanzar la libertad financiera a través de la inversión en bolsa. Con determinación y perseverancia, está listo para enfrentar los desafíos que vendrán en los próximos capítulos de su viaje.

CAPÍTULO 4: EL DESPERTAR DE LA PASIÓN

Después de las primeras inversiones, Simón Salas se sumerge aún más en el mundo de la inversión en bolsa. Su pasión por los mercados financieros y la búsqueda de oportunidades de inversión crece con cada día que pasa. Ahora, no solo ve la inversión como una forma de hacer crecer su patrimonio, sino también como una oportunidad para aprender y crecer como inversor.

Simón dedica horas de su tiempo libre a estudiar el funcionamiento de los mercados financieros. Lee libros, escucha podcasts, y sigue de cerca las noticias económicas y financieras. Se sumerge en el análisis técnico y fundamental, tratando de entender las fuerzas que impulsan los movimientos del mercado y anticipar las tendencias futuras.

Una de las áreas en las que Simón se enfoca especialmente es el análisis de acciones individuales. Utiliza herramientas y técnicas avanzadas para evaluar la salud financiera y el potencial de crecimiento de diferentes empresas. Estudia informes financieros, analiza gráficos de precios y busca patrones que puedan indicar oportu-nidades de inversión prometedoras.

A medida que profundiza en su estudio, Simón comienza a desarrollar su propio conjunto de criterios de inversión. Define lo que busca en una empresa antes de decidir si invertir en ella: un sólido historial de crecimiento, un equipo directivo competente, una ventaja competitiva clara y un balance sólido, entre otros factores.

Con el tiempo, Simón comienza a aplicar su enfoque de inversión en la práctica. Realiza inversiones en empresas que cumplan con sus criterios y monitorea de cerca su desempeño en el mercado. A medida que algunas de sus inversiones muestran signos de éxito, su confianza en sus habilidades como inversor crece.

Sin embargo, no todo es fácil para Simón. Experimenta períodos de volatilidad en el mercado que ponen a prueba su paciencia y su determinación. Se enfrenta a la ten-tación de vender sus inversiones ante las caídas del mercado, pero se mantiene firme en su convicción de mantener una visión a largo plazo y no dejarse llevar por las emociones del momento.

A medida que supera los desafíos y obstáculos en su camino, Simón encuentra una nueva sensación de gratificación y realización en la inversión en bolsa. Se da cuenta de que no se trata solo de hacer dinero, sino también de aprender y crecer como individuo. Cada inversión exitosa le enseña una lección valiosa y lo acerca un paso más a sus objetivos financieros y personales.

Al final del Capítulo 4, Simón se encuentra en un lugar de optimismo y determinación. A pesar de los desafíos que ha enfrentado en su viaje hasta ahora, sigue comprometido con su objetivo de alcanzar la libertad financiera a través de la inversión en bolsa. Con una pasión renovada y una visión clara del futuro, está listo para enfrentar los desafíos que vendrán en los próximos capítulos de su viaje.

CAPÍTULO 5: APRENDIENDO DE LOS ERRORES

A medida que Simón Salas continúa su viaje en el mundo de la inversión en bolsa, se encuentra con una serie de desafíos y obstáculos que pone a prueba su determinación y su capacidad para aprender de sus errores.

Una de las lecciones más difíciles que Simón aprende es la importancia de la gestión del riesgo. En sus primeras inversiones, se deja llevar por la emoción y la exuberancia del mercado, invirtiendo grandes sumas de dinero en empresas de alto riesgo sin tener en cuenta las posibles consecuencias. Como resultado, sufre pérdidas significativas cuando estas empresas no cumplen con sus expec-tativas y el valor de sus acciones se desploma.

Sin embargo, en lugar de dejarse desanimar por estas pérdidas, Simón utiliza cada experiencia como una oportunidad para aprender y crecer como inversor. Reflexiona sobre sus errores y busca formas de mejorar su enfoque de inversión. Se da cuenta de que la gestión del riesgo es fundamental para proteger su capital y preservar su patrimonio a largo plazo.

Otra lección que Simón aprende es la importancia de mantener la calma durante los períodos de volatilidad en el mercado. Experimenta momentos de incertidumbre y ansiedad cuando el valor de sus inversiones fluctúa sal-vajemente, pero se da cuenta de que reaccionar impulsivamente a las fluctuaciones del mercado solo empeora las cosas. En cambio, aprende a mantener una visión a largo plazo y a confiar en sus análisis fundamentales y técnicos para tomar decisiones informadas.

Además de enfrentarse a desafíos financieros, Simón también

se enfrenta a desafíos emocionales en su viaje como inversor. Experimenta dudas y temores sobre sus habilidades y su capacidad para tener éxito en el mercado. Se pregunta si realmente tiene lo que se necesita para convertirse en un inversor exitoso, o si debería abandonar sus sueños y conformarse con una vida de mediocridad.

Sin embargo, a pesar de estas dudas y temores, Simón se niega a darse por vencido. Recuerda las palabras de sus maestros de la inversión y se aferra a su visión de alcanzar la libertad financiera a través de la inversión en bolsa. Se compromete a seguir adelante, a aprender de sus errores y a mejorar continuamente como inversor.

Con el tiempo, Simón comienza a ver los frutos de su arduo trabajo y dedicación. Aprende a tomar decisiones más informadas y prudentes en el mercado, y sus inversiones comienzan a mostrar signos de éxito. Se siente más seguro en sus habilidades como inversor y más optimista sobre su futuro financiero.

Al final del Capítulo 5, Simón se encuentra en un lugar de fortaleza y determinación. A pesar de los desafíos que ha enfrentado en su viaje hasta ahora, sigue comprometido con su objetivo de alcanzar la libertad financiera a través de la inversión en bolsa. Con cada error que comete, aprende una lección valiosa que lo acerca un paso más a sus metas financieras y personales.

CAPÍTULO 6: EL DESARROLLO DE UNA ESTRATEGIA DEFINITIVA

Después de aprender de sus errores y superar varios desafíos en su viaje como inversor, Simón Salas se encuentra en un punto crucial en su trayectoria. Ha acumulado experiencia, conocimientos y perspectiva a lo largo de su viaje, y ahora está listo para desarrollar una estrategia definitiva que lo lleve al éxito en el mercado de valores.

Para hacerlo, Simón reflexiona sobre las lecciones que ha aprendido de sus maestros de la inversión y sus propias experiencias. Se da cuenta de que no hay una sola estrategia que funcione para todos los inversores, sino que cada persona debe desarrollar su propio enfoque único basado en sus objetivos, tolerancia al riesgo y horizonte temporal.

Con esta idea en mente, Simón comienza a diseñar su estrategia definitiva de inversión en bolsa. Se propone combinar las mejores prácticas y principios de los maestros de la inversión con sus propias ideas y experiencias para crear un enfoque personalizado que se adapte a sus necesidades y circunstancias únicas.

Una de las piedras angulares de la estrategia de Simón es la diversificación. Ha aprendido de sus estudios y experiencias pasadas que es importante no poner todos sus huevos en una sola canasta. En lugar de invertir todo su capital en unas pocas acciones, Simón opta por construir una cartera diversificada que incluya una amplia variedad de activos, sectores y geografías.

Además de la diversificación, Simón incorpora principios de

inversión a largo plazo en su estrategia. Ha aprendido de sus maestros que el tiempo en el mercado es más importante que intentar cronometrar el mercado. Por lo tanto, se compromete a mantener sus inversiones du-rante períodos prolongados, permitiendo que el poder del interés compuesto trabaje a su favor.

Otro aspecto importante de la estrategia de Simón es la gestión activa de su cartera. Aunque cree en la inversión a largo plazo, también reconoce la importancia de estar atento a las condiciones del mercado y ajustar su cartera en consecuencia. Está dispuesto a vender posiciones que ya no cumplen con sus criterios de inversión y a reinvertir los fondos en oportunidades más prometedoras.

Además de estos principios fundamentales, Simón también incorpora técnicas avanzadas de gestión de riesgos en su estrategia. Utiliza opciones de venta y otras he-rramientas de cobertura para proteger su cartera contra las caídas del mercado y minimizar sus pérdidas en tiempos de volatilidad.

Con su estrategia definitiva en su lugar, Simón se siente más confiado y preparado que nunca para enfrentar los desafíos del mercado de valores. Se compromete a seguir fielmente su plan de inversión, sin dejarse llevar por las emociones del momento o las modas del mercado.

Al final del Capítulo 6, Simón se encuentra en un lugar de determinación y optimismo. Ha desarrollado una estrategia definitiva que se adapta a sus necesidades y circunstancias únicas, y está listo para seguir adelante con confianza en su viaje hacia la libertad financiera y el éxito en el mercado de valores.

CAPÍTULO 7: LA APLICACIÓN DE LA ESTRATEGIA DEFINITIVA EN EL MUNDO REAL

Con su estrategia definitiva en su lugar, Simón Salas se prepara para poner a prueba sus habilidades como inversor en el mundo real. Ha pasado meses estudiando, investigando y desarrollando su enfoque personalizado, y ahora está listo para ver cómo se traduce su estrategia en resultados tangibles en el mercado de valores.

Para comenzar, Simón revisa cuidadosamente su cartera existente y realiza ajustes según su nueva estrategia. Identifica acciones que ya no cumplen con sus criterios de inversión y las vende, utilizando los fondos obtenidos para comprar nuevas posiciones que se alineen mejor con su enfoque a largo plazo.

Una vez que ha ajustado su cartera, Simón se sumerge en el proceso de monitoreo y gestión activa. Establece puntos de entrada y salida claros para cada posición en su cartera, basados en criterios fundamentales y técnicos. Está preparado para actuar rápidamente si las condiciones del mercado cambian y necesitan ajustar su enfoque.

A medida que pasa el tiempo, Simón observa con atención el desempeño de su cartera y toma nota de cualquier cambio en el mercado. Está decidido a mantener una mentalidad disciplinada y apegarse a su estrategia, incluso cuando las cosas se pongan difíciles. Se esfuerza por mantener la calma y la compostura, recordando que la inversión a largo plazo es un maratón, no un sprint.

A medida que avanza en su viaje como inversor, Simón encuentra una serie de desafíos y oportunidades en el mercado. Experimenta momentos de volatilidad e incertidumbre, pero también celebra los éxitos y los logros cuando sus inversiones tienen éxito. A través de todo, se mantiene fiel a su estrategia y sigue adelante con determinación y confianza.

Una de las lecciones más importantes que Simón aprende en este capítulo es la importancia de la paciencia y la perseverancia en la inversión. Reconoce que el camino hacia el éxito no siempre será fácil ni directo, pero está dispuesto a seguir adelante a pesar de los desafíos que pueda enfrentar en el camino.

Además de los desafíos financieros, Simón también se enfrenta a desafíos personales y emocionales en su viaje como inversor. Experimenta momentos de duda y ansiedad, pero también encuentra momentos de alegría y gratificación cuando sus inversiones tienen éxito. A través de todo, se mantiene firme en su compromiso de alcanzar la libertad financiera y el éxito en el mercado de valores.

Al final del Capítulo 7, Simón se encuentra en un lugar de determinación y optimismo. A pesar de los desafíos y obstáculos que ha enfrentado en su viaje hasta ahora, sigue comprometido con su objetivo de alcanzar la libertad financiera a través de la inversión en bolsa. Con cada día que pasa, se acerca un paso más a sus metas financieras y personales, y está decidido a seguir adelante con confian-za y determinación.

CAPÍTULO 8: ADAPTÁNDOSE A LOS CAMBIOS DEL MERCADO

Después de haber aplicado su estrategia definitiva en el mundo real, Simón Salas se encuentra en medio de un entorno financiero en constante cambio. A medida que continúa su viaje como inversor, se da cuenta de que debe adaptarse a los cambios del mercado si quiere mantener su éxito a largo plazo.

Una de las primeras lecciones que Simón aprende en este capítulo es la importancia de estar al tanto de las tendencias y los acontecimientos económicos y financieros. Se dedica a seguir de cerca las noticias del mercado, las actualizaciones económicas y los informes financieros, buscando pistas sobre cómo podrían afectar a sus inversiones. Reconoce que estar informado es fundamental para tomar decisiones informadas y anticipar los cambios en el mercado.

Además de seguir las noticias del mercado, Simón también se esfuerza por mantenerse al día con las tendencias y los desarrollos en diferentes sectores e industrias. Reconoce que algunos sectores pueden estar en auge mientras que otros están en declive, y busca identificar las oportunidades y los riesgos asociados con cada uno. Está preparado para ajustar su cartera en consecuencia, moviendo su capital hacia áreas que considera más prometedoras y alejándose de aquellas que percibe como menos favorables.

Otro aspecto importante de la adaptación de Simón al cambio es su disposición a aprender y evolucionar como inversor. Reconoce que el mercado está en constante evolución y que lo que funcionó en el pasado puede no funcionar necesariamente en el futuro. Por lo tanto, está abierto a probar nuevas estrategias, explorar nuevas ideas y aprender de sus errores. Se compromete a mantener una mentalidad abierta y flexible, dispuesto a adaptarse a medida que cambian las condiciones del mercado.

A medida que avanza en su viaje, Simón se enfrenta a una serie de desafíos y oportunidades en el mercado. Experimenta momentos de volatilidad y turbulencia, pero también encuentra oportunidades para capitalizar los cambios en el mercado y hacer crecer su patrimonio. A través de todo, se mantiene firme en su compromiso de seguir adelante con determinación y confianza, adaptándose a los cambios del mercado y aprovechando las oportunidades que se le presentan.

Una de las lecciones más importantes que Simón aprende en este capítulo es la importancia de mantener la calma y la compostura en tiempos de incertidumbre. Reconoce que el mercado puede ser impredecible y volátil en ocasiones, pero está decidido a no dejar que las emociones nublen su juicio. Se esfuerza por mantener una visión a largo plazo y centrarse en los fundamentos subyacentes de sus inversiones, en lugar de dejarse llevar por el pánico o la exuberancia del mercado.

Al final del Capítulo 8, Simón se encuentra en un lugar de determinación y optimismo. A pesar de los desafíos que ha enfrentado en su viaje hasta ahora, sigue comprometido con su objetivo de alcanzar la libertad financiera a través de la inversión en bolsa. Con cada día que pasa, se acerca un paso más a sus metas financieras y personales, y está decidido a seguir adelante con confianza y determinación, adaptándose a los cambios del mercado y aprovechando las oportunidades que se le presentan.

CAPÍTULO 9: MANTENIENDO LA DISCIPLINA EN TIEMPOS DE ADVERSIDAD

En este capítulo, Simón Salas se enfrenta a uno de los desafíos más difíciles en su viaje como inversor: mantener la disciplina en tiempos de adversidad. A medida que continúa navegando por el mercado de valores, se encuentra con una serie de obstáculos y contratiempos que ponen a prueba su determinación y su capacidad para mantenerse fiel a su estrategia de inversión.

Una de las primeras pruebas que enfrenta Simón en este capítulo es una corrección del mercado que provoca una caída significativa en el valor de sus inversiones. A medida que observa impotente cómo su patrimonio disminuye, se enfrenta a la tentación de vender sus posiciones y salir del mercado antes de que las cosas empeoren. Sin embargo, se recuerda a sí mismo la importancia de mantener una visión a largo plazo y resistir la urgencia de tomar decisiones impulsivas basadas en el miedo.

Para ayudar a mantener su disciplina en tiempos de adversidad, Simón recurre a una serie de estrategias y técnicas que ha aprendido a lo largo de su viaje como inversor. Practica la meditación y la visualización positiva para mantener una mentalidad tranquila y centrada, incluso cuando el mercado está en tumulto. Se rodea de una red de apoyo de amigos y mentores que pueden ofrecerle orientación y apoyo cuando las cosas se ponen difíciles.

Además, Simón utiliza la gestión activa de su cartera como una herramienta para mantener su disciplina en tiempos de adversidad. Revisa regularmente su cartera y realiza ajustes según sea necesario, pero se asegura de hacerlo de manera deliberada y fundamentada en su estrategia a largo plazo. Se niega a dejarse llevar por las emociones del momento y se compromete a seguir adelante con confianza y determinación.

A medida que pasa el tiempo, Simón se da cuenta de que la adversidad en el mercado es inevitable, pero lo que importa es cómo responde a ella. Se niega a dejar que los contratiempos lo desanimen o lo hagan dudar de su estrategia de inversión. En cambio, se ve a sí mismo como un guerrero financiero, listo para enfrentar cualquier desafío que se le presente en su búsqueda de la libertad financiera y el éxito en el mercado de valores.

Una de las lecciones más importantes que Simón aprende en este capítulo es que la disciplina es la clave del éxito en la inversión. Reconoce que el mercado puede ser impredecible y volátil, pero se compromete a mantenerse firme en su estrategia y apegarse a sus principios fundamentales, incluso cuando las cosas se pongan difíciles.

Al final del Capítulo 9, Simón se encuentra en un lugar de fortaleza y determinación. A pesar de los desafíos que ha enfrentado en su viaje hasta ahora, sigue comprometido con su objetivo de alcanzar la libertad financiera a través de la inversión en bolsa. Con cada día que pasa, se acerca un paso más a sus metas financieras y personales, y está decidido a seguir adelante con confianza y determi-nación, manteniendo la disciplina en tiempos de adversidad.

CAPÍTULO 10: EL ÉXITO DE SIMÓN SALAS: REVELACIÓN DE SU ESTRATEGIA DEFINITIVA

Después de años de dedicación, aprendizaje y perseverancia, Simón Salas finalmente alcanza el éxito en el mundo de la inversión en bolsa. En este capítulo final, revela los detalles de su estrategia definitiva que lo llevó a la cima del mundo financiero.

Simón comienza explicando que su estrategia se basa en una combinación de los principios fundamentales de los grandes inversores, así como en su propia experiencia y análisis del mercado. Describe cómo ha desarrollado un enfoque integral que abarca todos los aspectos de la inversión, desde la selección de acciones hasta la gestión del riesgo y la diversificación de la cartera.

Una de las claves de la estrategia de Simón es su enfoque en la inversión a largo plazo. Explica cómo ha aprendido de sus maestros de inversión que el tiempo en el mercado es más importante que intentar cronometrar el mercado. Por lo tanto, se compromete a mantener sus inversiones durante períodos prolongados, permitiendo que el interés compuesto trabaje a su favor y maximice sus retornos a lo largo del tiempo.

Además, Simón destaca la importancia de la diversificación en su estrategia. Explica cómo ha construido una cartera amplia y variada que incluye una amplia gama de activos, sectores y geografías. Esto le permite mitigar el riesgo y proteger su capital contra las fluctuaciones del mercado, mientras busca maximizar el potencial de crecimiento de su cartera en su conjunto.

Otro aspecto clave de la estrategia de Simón es su enfoque en el análisis fundamental. Describe cómo investiga minuciosamente cada empresa en la que invierte, evaluan-do su salud financiera, su potencial de crecimiento y su posición en el mercado. Utiliza una combinación de datos financieros, informes de analistas y análisis de la industria para tomar decisiones informadas sobre dónde invertir su capital.

Además del análisis fundamental, Simón también incorpora principios de análisis técnico en su estrategia. Describe cómo utiliza herramientas y técnicas avanzadas para analizar gráficos de precios, identificar pa-trones y tendencias, y anticipar los movimientos del mercado. Esto le permite tomar decisiones de inversión más oportunas y eficaces, aprovechando las oportunidades cuando surgen.

Por último, Simón habla sobre la importancia de la gestión del riesgo en su estrategia. Explica cómo uti-liza opciones de venta, stop-loss y otras herramientas de cobertura para proteger su capital contra las pérdidas y minimizar su exposición al riesgo. Esto le permite dormir tranquilo por las noches, sabiendo que está protegido contra los vaivenes del mercado y que su patrimonio está seguro.

Al final del Capítulo 10, Simón revela que su estrategia definitiva se basa en una combinación de todos estos principios y técnicas. Ha aprendido de sus maestros de inversión y de sus propias experiencias en el mercado, y ha desarrollado un enfoque personalizado que se adapta a sus necesidades y circunstancias únicas. Ahora, con su estrategia en su lugar, está listo para seguir adelante con confianza y determinación en su viaje hacia la libertad financiera y el éxito en el mercado de valores.

La Estrategia Final de Simón Salas

La estrategia final de Simón Salas se basa en una combinación única de las enseñanzas de los grandes inversores. Utiliza el análisis fundamental para identificar empresas con sólidos fundamentos y perspectivas de crecimiento a largo plazo, al estilo de Warren Buffett y Philip Fisher. Además, aplica el análisis técnico para timing de entrada y salida del mercado, inspirado en las estrategias de Jim Simons y Carl Icahn. También integra la gestión de riesgos y la diversificación, tal como lo promovía John Bogle. Esta estrategia equilibrada y multifacética le permitió a Simón navegar con éxito los vaivenes del mercado y alcanzar la libertad financiera.

Descripción detallada de cómo Simón Salas, el personaje de este libro, incorpora las estrategias de algunos de los inversores famosos mencionados ante-riormente con la que construyó su propia estrategia de inversión definitiva:

1. ****Inversión en empresas de calidad a largo plazo**** (Philip Fisher):

   - Simón Salas adopta la filosofía de Philip Fisher de invertir en empresas de calidad con sólidos fundamentos y perspectivas de crecimiento a largo plazo. Al igual que Fisher, busca compañías con ventajas competitivas sostenibles y equipos de gestión sólidos.

2. ****Diversificación global**** (John Templeton):

   - Inspirado por John Templeton, Simón Salas reconoce la importancia de la diversificación geográfica para reducir el riesgo y capturar oportunidades de crecimiento en diferentes mercados y regiones del mundo.

3. ****Enfoque en la gestión y la calidad del equipo direc-tivo**** (Philip Fisher):

   - Siguiendo los pasos de Fisher, Simón Salas valora la calidad de la gestión y presta atención a las habilidades y la integridad del equipo directivo al evaluar empresas para su cartera de inversiones.

4. ****Análisis fundamental y técnico**** (Benjamin Graham):

   - Influenciado por la filosofía de inversión de Benjamin

Graham, Simón Salas combina el análisis fundamental y técnico al evaluar acciones y mercados. Utiliza el análisis fundamental para identificar empresas subvaluadas y el análisis técnico para detectar tendencias y patrones en los movimientos del mercado.

5. **Inversión en fondos indexados y enfoque pasivo**

(John Bogle):

- Siguiendo el enfoque de John Bogle, Simón Salas asigna una parte de su cartera a fondos indexados de bajo costo para obtener exposición a diferentes clases de activos de manera pasiva y diversificada.

6. **Gestión de riesgos y protección del capital**

(Warren Buffett):

- Inspirado por Warren Buffett, Simón Salas enfatiza la importancia de la gestión de riesgos y la protección del capital al invertir. Busca compañías con un margen de seguridad y un potencial de crecimiento sólido para minimizar el riesgo de pérdida de capital.

7. **Uso de modelos matemáticos y algoritmos**

(Jim Simons):

- Siguiendo el enfoque cuantitativo de Jim Simons, Simón Salas utiliza modelos matemáticos y algoritmos para identificar patrones y tendencias en los mercados financieros y tomar decisiones de inversión informadas.

8. **Inversión a largo plazo**

(Warren Buffett y Philip Fisher):

- Al igual que Buffett y Fisher, Simón Salas adopta un enfoque de inversión a largo plazo y prefiere mantener sus inversiones durante períodos prolongados para permitir que el valor intrínseco de las empresas se materialice con el tiempo.

Estas son solo algunas de las estrategias y principios de inversión que Simón Salas integra en su propia estrategia de inversión definitiva. Al combinar los mejores elementos de cada enfoque, Salas busca maximizar el potencial de crecimiento de su cartera mientras gestiona el riesgo de manera efectiva.

LISTA DE INVERSORES MÁS EXITOSOS

Esta es la lista de los inversores en bolsa más exitosos, tanto vivos como fallecidos, cuyas trayectorias son conocidas, elegidos como referentes por Simón Salas, el personaje de este libro:

Benjamin Graham: Conocido Como El "Padre Del Análisis De Valores", Graham Fue Un Inversor Y Profesor De Inversión Cuyo Libro "El Inversor Inteligente" Es Un Clásico En El Mundo De Las Inversiones.

A continuación, detallo algunas de las estrategias clave que Graham ha utilizado en sus inversiones:

1. ****Inversión en Valor****: Graham busca comprar acciones de empresas que estén infravaloradas en relación con su valor intrínseco. Utiliza un enfoque meticuloso de análisis fundamental para evaluar el valor de una empresa en función de sus activos, ganancias y flujo de efectivo, en lugar de depender únicamente del precio de mercado de las acciones.

2. ****Análisis Fundamental Riguroso****: Graham realiza un análisis exhaustivo de las finanzas de una empresa, incluyendo su balance, estado de resultados y flujo de efectivo, para evaluar su salud financiera y su potencial de crecimiento a largo plazo. Busca empresas con sólidos fundamentos y una historia establecida de

rentabilidad.

3. **Margen de Seguridad**: Una de las principales ideas de Graham es la importancia del margen de seguridad, que implica comprar acciones por debajo de su valor intrínseco para protegerse contra la volatilidad del mercado y minimizar el riesgo de pérdida. Busca acciones que ofrezcan un margen de seguridad significativo para los inversores.

4. **Inversión a Largo Plazo**: Graham favorece un enfoque de inversión a largo plazo, donde los inversores mantienen acciones durante períodos prolongados para permitir que el valor intrínseco de la empresa se materialice con el tiempo. Esto implica ser paciente y resistir la tentación de vender en respuesta a fluctuaciones a corto plazo en el mercado.

5. **Diversificación**: Graham recomienda diversificar la cartera de inversiones para reducir el riesgo y protegerse contra pérdidas potenciales. Sugiere invertir en una variedad de acciones de diferentes sectores e industrias para evitar la exposición excesiva a cualquier empresa o sector específico.

Para ilustrar el enfoque de inversión de Benjamin Graham, consideremos un ejemplo hipotético utilizando el concepto de margen de seguridad:

Supongamos que Graham está evaluando una empresa llamada "ABC Inc." que cotiza en bolsa. Después de realizar un análisis fundamental detallado, Graham determina que el valor intrínseco de las acciones de ABC Inc. es de $50 por acción, basado en sus activos, ganancias y flujo de efectivo.

Actualmente, las acciones de ABC Inc. se están negociando en el mercado a $40 por acción. Esto significa que hay un margen de seguridad del 20% ($50 - $40 = $10, o 20% de descuento sobre el valor intrínseco).

Graham considera que este margen de seguridad del 20% es suficiente para protegerse contra la volatilidad del mercado y minimizar el riesgo de pérdida. Por lo tanto, decide comprar acciones de ABC Inc. y mantenerlas a largo plazo, confiando en que el valor intrínseco de la empresa se materializará con el tiempo.

En resumen, Benjamin Graham ha demostrado que su enfoque de inversión en valor y su énfasis en el margen de seguridad pueden generar retornos sólidos para los inversores que siguen sus principios. Su enfoque disciplinado y metódico de análisis fundamental ha sido fundamental en su éxito como inversor y ha influenciado a generaciones de inversores después de él.

Escribió dos grandes obras, “El Inversor Inteligente” y “Análisis de Seguridad”, que han servido de herramientas a muchos inversores de gran reputación.

John Templeton: Templeton Fue Un Famoso Inversor De Fondos Mutuos Conocido Por Su Enfoque Global Y Contrarian. Fundó El Templeton Growth Fund, Entre Otros. Aunque Falleció En 2008, Sus Principios De Inversión Continúan Siendo Relevantes Hoy En Día.

A continuación, detallo algunas de las estrategias clave exitosas que Templeton utilizó en sus inversiones:

1. ****Inversión Contrarian****: Templeton creía en la importancia de ir en contra de la corriente y buscar oportunidades de inversión en áreas del mercado que están siendo pasadas por alto o son impopulares. Esto implica comprar acciones cuando están en baja y el sentimiento del mercado es negativo, con la expectativa de que se recuperarán en el futuro.
2. ****Valoración Rigurosa****: Templeton realizaba un análisis exhaustivo de las empresas en las que invertía, centrándose en los fundamentos financieros y evaluando el valor intrínseco de una empresa en relación con su precio de mercado. Buscaba acciones que estuvieran infravaloradas en relación con su potencial de crecimiento y sus activos subyacentes.
3. ****Diversificación Global****: Templeton era un firme creyente en la diversificación geográfica y buscaba oportunidades de

inversión en todo el mundo. Consideraba que la diversificación internacional ayudaba a reducir el riesgo y a capturar oportunidades de crecimiento en diferentes mercados y regiones.

4. **Aprovechar las Crisis y Volatilidad del Mercado**: Templeton veía las crisis y la volatilidad del mercado como oportunidades para comprar acciones de alta calidad a precios bajos. Creía que las fluctuaciones del mercado eran temporales y que los inversores a largo plazo podían beneficiarse al mantener la calma y aprovechar las oportunidades durante períodos de incertidumbre.

5. **Enfoque a Largo Plazo**: Templeton adoptaba un enfoque de inversión a largo plazo y estaba dispuesto a mantener sus inversiones durante períodos prolongados, permitiendo que el valor intrínseco de las empresas se materializara con el tiempo. No se dejaba influir por las fluctuaciones del mercado a corto plazo y estaba más interesado en el rendimiento a largo plazo de sus inversiones.

Para ilustrar el enfoque de inversión de John Templeton, consideremos un ejemplo hipotético de inversión contrarian:

Supongamos que Templeton identifica una compañía llamada "XYZ Inc." que opera en el sector tecnológico y ha experimentado una caída significativa en el precio de sus acciones debido a un revés temporal en su negocio y una reacción exagerada del mercado.

A pesar de la reciente adversidad, Templeton realiza un análisis fundamental detallado y llega a la conclusión de que XYZ Inc. tiene una sólida posición financiera, un equipo directivo competente y perspectivas favorables a largo plazo en su industria.

Convencido de que el mercado ha exagerado la situación y que las perspectivas a largo plazo de XYZ Inc. son sólidas, Templeton decide comprar acciones de la compañía a precios bajos. Su enfoque contrarian le permite aprovechar la oportunidad cuando otros inversores están vendiendo, y espera obtener ganancias a medida que el mercado reconozca el verdadero valor de la empresa.

En resumen, John Templeton fue un inversor exitoso que utilizó un enfoque contrarian y de valor para identificar oportunidades de inversión en los mercados. Su enfoque disciplinado, su análisis riguroso y su disposición para aprovechar las crisis y la volatilidad del mercado han dejado un legado duradero en el mundo de la inversión.

A continuación, se mencionan algunas de las empresas en las que Templeton invirtió:

1. **Templeton Growth Fund**: En 1954, John Templeton ingresó en la industria de los fondos comunes de inversión cuando estableció el Templeton Growth Fund. Reinvirtiendo sus retornos, cada US$10,000 invertidos en los comienzos del Templeton Growth Fund Clase A se hubiera obtenido US$2 millones hacia 1992, cuando Templeton vendió el grupo de Templeton Funds al Franklin Group.
2. **Xerox**: Templeton indicaba que, para invertir exitosamente y ganar dinero, era necesario conocer el entorno. Esto quiere decir que hay que estar atentos a las noticias, comprender cómo funcionan los mercados y los diversos activos que se negocian, etc.
3. **Pep Boys**: John Templeton enfatizaba en la importancia de gestionar las inversiones de manera tal que el capital crezca por encima de la suba generalizada de precios de la economía real.
4. **Cheniere Energy**: Templeton aumentó su participación en Cheniere al 13.8%.

Warren Buffett: Conocido Como El "Oráculo De Omaha", Buffett Es Uno De Los Inversores Más Exitosos De Todos Los Tiempos. Es El Presidente Y Ceo De Berkshire Hathaway Y Es Famoso Por Su Enfoque De Inversión A Largo Plazo Y Su Filosofía De Valor.

Estrategias actuales exitosas de inversión que utiliza Warrent Buffet

Warren Buffett es conocido por su enfoque de inversión a largo plazo, centrado en la compra de acciones de empresas sólidas a precios atractivos y manteniéndolas durante períodos prolongados. Su estrategia se basa en principios fundamentales de inversión y valoración que han demostrado ser exitosos a lo largo del tiempo. A continuación, te detallo algunas de las estrategias clave que utiliza Warren Buffett en sus inversiones:

1. ****Inversión en Empresas Sólidas****: Buffett busca empresas con sólidos fundamentos financieros, incluyendo una ventaja competitiva sostenible, una buena gestión y un historial comprobado de rentabilidad. Prefiere empresas con un modelo de negocio comprensible y predecible, que generen flujos de efectivo consistentes y tengan un balance saludable.

2. ****Análisis Fundamental****: Buffett se centra en el análisis fundamental de las empresas, evaluando factores como ingresos, beneficios, márgenes de ganancia, retorno sobre el capital y deuda. Utiliza métricas como el precio/valor contable (P/V), el precio/beneficio (P/B) y el precio/flujos de efectivo operativos (P/FCFO) para determinar si una acción está sobrevalorada o subvalorada en relación con su valor intrínseco.

3. ****Margen de Seguridad****: Buffett es un firme creyente en el concepto de margen de seguridad, que implica comprar acciones por debajo de su valor intrínseco para protegerse contra la volatilidad del mercado y minimizar el riesgo de pérdida. Busca acciones que ofrezcan un margen de seguridad significativo, lo que le permite obtener ganancias incluso si el mercado se comporta de manera impredecible.

4. ****Inversión a Largo Plazo****: Buffett tiene un horizonte temporal a largo plazo en sus inversiones, prefiriendo mantener acciones durante años, incluso décadas, si cree en el potencial a largo plazo de la empresa. Esta estrategia le permite aprovechar el poder del

interés compuesto y minimizar los costos asociados con la compra y venta frecuente de acciones.

5. **Enfoque Contrarian**: Aunque Buffett generalmente evita seguir las tendencias del mercado y no se deja llevar por el ruido del mercado, está dispuesto a aprovechar las oportunidades cuando otros inversores están en pánico o desinteresados. Esto le permite comprar acciones a precios atractivos cuando el mercado las infravalora debido a la incertidumbre o el pesimismo generalizado.

Para ilustrar el concepto de margen de seguridad, aquí tienes un ejemplo de cómo Warren Buffett podría evaluar una acción utilizando el análisis fundamental y el concepto de margen de seguridad:

Supongamos que Buffett está considerando invertir en una empresa llamada "ABC Inc." que cotiza en bolsa. Después de realizar un exhaustivo análisis fundamental, llega a la conclusión de que el valor intrínseco de las acciones de ABC Inc. es de $100 por acción, basado en sus flujos de efectivo futuros, su tasa de crecimiento esperada y otros factores.

Actualmente, las acciones de ABC Inc. se están negociando en el mercado a $80 por acción. Esto significa que hay un margen de seguridad del 20% ($100 - $80 = $20, o 20% de descuento sobre el valor intrínseco).

Buffett considera que este margen de seguridad del 20% es suficiente para compensar el riesgo y proporcionar un rendimiento atractivo a largo plazo. Por lo tanto, decide comprar acciones de ABC Inc. y mantenerlas durante varios años, confiando en que el mercado eventualmente reconocerá el verdadero valor de la empresa y revalorizará las acciones en consecuencia.

En resumen, Warren Buffett ha demostrado a lo largo de los años que su enfoque de inversión basado en la valoración fundamental y el margen de seguridad puede generar retornos sólidos a largo plazo para los inversores pacientes y disciplinados. Su éxito se basa en la aplicación consistente de estos principios clave, así como en su capacidad para mantenerse fiel a su estrategia incluso en tiempos de incertidumbre y volatilidad del mercado.

A continuación, se mencionan algunas de las empresas en las que Buffett ha invertido recientemente:

- **Chevron:** Buffett ha incrementado su participación en Chevron, convirtiéndola en el cuarto valor más grande de su cartera.
- **Occidental Petroleum:** Buffett ha comprado más de 900,000 acciones en Occidental Petroleum, convirtiéndola en uno de sus diez mayores 'holdings'.
- **HP:** Buffett ha entrado en HP, una empresa de tecnología.
- **Citigroup:** Buffett también ha invertido en Citigroup, una institución financiera.
- **Ally Financial:** Buffett ha invertido en Ally Financial, una empresa de servicios financieros.

Es importante tener en cuenta que esta lista no es exhaustiva y que las inversiones de Buffett pueden cambiar con el tiempo. Además, Buffett tiene inversiones en muchas otras empresas a través de su empresa Berkshire Hathaway, que posee más de setenta empresas en total.

He aquí una lista de algunas de las empresas destacadas en las que Berkshire Hathaway, la empresa de Warren Buffett, tiene inversiones, comenzando por la que tiene más inversión hasta la que tiene menos inversión:

Apple (Berkshire Hathaway tiene una participación significativa en Apple, con un valor de alrededor de 108.000 millones de dólares); Bank of America (también tiene una inversión importante en este banco); American Express; Coca Cola; Kraft Heinz; Duracell, Geico Insurance; See Candies.

George Soros: Soros Es Un Inversionista Legendario Conocido Por Su Éxito En Los Mercados Financieros Y Su Filantropía. Fundó Soros Fund Management Y Es Famoso Por Su Participación En La "Caída Del

Banco De Inglaterra" En 1992.

Estrategias actuales exitosas de inversión que utiliza George Soros

George Soros es conocido por su enfoque de inversión basado en la teoría de la reflexividad y el análisis macroeconómico. Aunque su estrategia ha evolucionado a lo largo del tiempo, hay ciertos principios clave que han sido fundamentales en su éxito como inversor. A continuación, te detallo algunas de las estrategias que George Soros ha utilizado en sus inversiones:

1. **Teoría de la Reflexividad**: Una de las principales contribuciones de Soros al campo de la inversión es la teoría de la reflexividad, que sostiene que los precios de los activos no siempre reflejan la realidad objetiva, sino que también son influenciados por las percepciones de los inversores. Soros cree que los precios de los activos y las expectativas de los inversores pueden influirse mutuamente, creando un ciclo de retroalimentación que puede llevar a la formación de burbujas o crisis financieras.

2. **Análisis Macroglobal**: Soros se centra en el análisis macroeconómico y geopolítico para identificar tendencias y oportunidades de inversión. Examina factores como las políticas monetarias de los bancos centrales, los indicadores económicos clave, las tendencias demográficas y los eventos geopolíticos para anticipar los movimientos del mercado y tomar decisiones informadas sobre sus inversiones.

3. **Inversiones en Divisas**: Soros es especialmente conocido por sus inversiones en el mercado de divisas, donde ha obtenido grandes ganancias al especular sobre los movimientos de las tasas de cambio entre diferentes monedas. Utiliza su análisis macroeconómico para identificar desequilibrios en los mercados de divisas y aprovechar las oportunidades de arbitraje.

4. **Gestión Activa**: A diferencia de muchos inversores que prefieren una estrategia de compra y retención a largo plazo, Soros es conocido por su enfoque de gestión activa, donde realiza operaciones frecuentes en respuesta a cambios en el mercado. Aprovecha las fluctuaciones de corto plazo en los precios de los activos para generar ganancias rápidas.

5. **Apalancamiento**: Soros a veces utiliza el apalancamiento

para aumentar el potencial de sus inversiones. A través del uso de derivados financieros, como los contratos de futuros y las opciones, puede obtener exposición a un activo subyacente con una inversión inicial relativamente pequeña, lo que le permite amplificar sus ganancias potenciales.

Ahora, para ilustrar el enfoque de inversión de George Soros, consideremos un ejemplo hipotético utilizando el análisis macroeconómico y la teoría de la reflexividad:

Supongamos que Soros analiza la situación económica global y llega a la conclusión de que las políticas de estímulo económico adoptadas por varios bancos centrales están inflando artificialmente los precios de los activos, incluidas las acciones y los bonos. Cree que estas políticas están creando una burbuja en los mercados financieros que eventualmente estallará.

Para capitalizar esta situación, Soros decide adoptar una posición corta en los índices bursátiles y los bonos gubernamentales de varios países desarrollados, apostando a que los precios de estos activos caerán a medida que se materialice la corrección del mercado. Utiliza contratos de futuros y opciones para obtener exposición a estos activos con un apalancamiento moderado.

A medida que la situación económica evoluciona y los inversores comienzan a darse cuenta de los riesgos asociados con las políticas de estímulo excesivo, los precios de las acciones y los bonos comienzan a caer. Soros cierra sus posiciones cortas en el momento oportuno, obteniendo ganancias significativas de la corrección del mercado.

En resumen, George Soros ha demostrado que su enfoque de inversión basado en la teoría de la reflexividad y el análisis macroeconómico puede generar retornos sólidos en los mercados financieros. Su habilidad para identificar tendencias y anticipar cambios en el mercado le ha permitido obtener grandes ganancias a lo largo de su carrera como inversor.

A continuación, se mencionan algunas de las empresas en las que Soros ha invertido recientemente:

Rivian: George Soros invirtió más de 2.000 millones de dólares en Rivian, un fabricante de automóviles eléctricos, en el último trimestre de 2021.

JPMorgan Chase: En el tercer trimestre de 2021, el fondo de Soros adquirió acciones de JPMorgan Chase por un valor de 18,38 millones de dólares.

Goldman Sachs: También en el tercer trimestre de 2021, el fondo de Soros adquirió acciones de Goldman Sachs por un valor de 7,4 millones de dólares.

Banco Santander: George Soros destinó 570 millones de dólares a la ampliación de capital del Banco Santander.

Soros tiene participación en estas empresas: **FCC**, **Bankia**, **Hispania**, **Iberdrola**

Peter Lynch: Lynch Es Conocido Por Su Tiempo Como Gestor Del Fondo Magellan En Fidelity Investments. Es Famoso Por Popularizar El Enfoque De Inversión En Acciones De Crecimiento Y Por Su Libro "One Up On Wall Street".

Estrategias actuales exitosas de inversión que utiliza Peter Lynch

Peter Lynch es conocido por su enfoque de inversión centrado en la inversión en empresas que conoce y entiende, así como en la búsqueda de compañías con un crecimiento sólido a largo plazo. A continuación, detallo algunas de las estrategias clave que Lynch ha utilizado en sus inversiones:

1. ****Invertir en lo que conoces****: Una de las estrategias más importantes de Peter Lynch es invertir en empresas cuyos productos o servicios entiende y utiliza en su vida cotidiana. Lynch cree que los inversores pueden obtener una ventaja al invertir en empresas cuyos productos y modelos de negocio comprenden completamente.

2. ****Identificar empresas de crecimiento****: Lynch busca empresas con un historial comprobado de crecimiento y un potencial continuo de crecimiento en el futuro. Busca compañías que

estén expandiendo sus operaciones, aumentando sus ingresos y ganancias, y capturando una participación de mercado cada vez mayor en sus respectivas industrias.

3. ****Relación PEG (Price/Earnings to Growth)****: Lynch popularizó la métrica PEG como una forma de evaluar si una acción está sobrevalorada o subvalorada en relación con su potencial de crecimiento. El PEG es calculado di-vidiendo el Precio/Beneficio (P/B) de una acción por su tasa de crecimiento esperada. Un PEG por debajo de 1 puede indicar que una acción está subvalorada en relación con su potencial de crecimiento.
4. ****Mantener la paciencia a largo plazo****: Lynch es un firme creyente en mantener acciones durante períodos prolongados, permitiendo que el crecimiento de la em-presa se materialice con el tiempo. No se deja llevar por las fluctuaciones del mercado a corto plazo y está dispuesto a ser paciente mientras espera que las inversiones maduren.
5. ****Buscar activamente nuevas oportunidades****: Lynch recomienda a los inversores que estén constantemente alerta en busca de nuevas oportunidades de inversión. Esto puede implicar investigar nuevas empresas, observar tendencias emergentes en la economía o escuchar rumores sobre acciones con potencial de crecimiento.

Ahora, para ilustrar el enfoque de inversión de Peter Lynch, consideremos un ejemplo hipotético utilizando la métrica PEG:

Supongamos que Lynch está evaluando una empresa llamada "XYZ Inc." que opera en el sector tecnológico y está experimentando un crecimiento significativo de sus ingresos y ganancias. Después de realizar un análisis detallado, Lynch determina que el P/B de XYZ Inc. es de 20 y que se espera que su tasa de crecimiento anual sea del 15% durante los próximos cinco años.

Para calcular el PEG de XYZ Inc., Lynch divide el P/B de 20 por la tasa de crecimiento esperada del 15%, lo que resulta en un PEG de aproximadamente 1.33. Según la métrica PEG, un valor por encima de 1 puede indicar que una acción está sobrevalorada en relación con su potencial de crecimiento, mientras que un valor por debajo de 1 puede indicar que está subvalorada.

En este caso, el PEG de 1.33 sugiere que las acciones de XYZ Inc. pueden estar ligeramente sobrevaloradas en relación con su potencial de crecimiento. Lynch puede optar por continuar monitoreando la empresa para ver si hay oportunidades de compra en el futuro, o puede decidir buscar otras empresas con PEG más atractivos.

En resumen, Peter Lynch ha demostrado que su enfoque de inversión centrado en el crecimiento a largo plazo y en la comprensión de las empresas puede generar retornos sólidos para los inversores que siguen sus principios. Su habilidad para identificar empresas con potencial de crecimiento y mantener la paciencia a largo plazo ha sido fundamental en su éxito como gestor de fondos.

A continuación, se mencionan algunas de las empresas en las que Lynch ha invertido recientemente:

Peter Lynch gestionó el Fidelity Magellan Fund desde 1977 hasta 1990 y durante ese tiempo tuvo una cartera rotativa de acciones en diferentes empresas, siguiendo su filosofía de inversión. Sin embargo, Lynch ha mantenido sus inversiones personales privadas y no se hacen públicas, por lo que no se conocen sus tenencias actuales. Durante su tiempo al frente del fondo Magellan, Lynch invirtió en una variedad de empresas. Algunas de las compañías en las que podría haber tenido interés incluyen **Gillette**, **Polaroid** y otras grandes empresas.

Carl Icahn: Icahn Es Un Inversor Activista Y Empresario Conocido Por Sus Operaciones De Adquisición Y Su Capacidad Para Influir En El Desempeño De Las Empresas En Las Que Invierte.

Estrategias actuales exitosas de inversión que utiliza Carl Icahn

Carl Icahn es conocido por su enfoque agresivo de inversión y su capacidad para influir en el rumbo de las empresas en las que invierte. A continuación, detallo algunas de las estrategias clave que Carl Icahn ha utilizado en sus inversiones:

1. **Activismo Accionarial**: Una de las estrategias más destacadas de Carl Icahn es el activismo acciona-rial, donde adquiere una participación significativa en una empresa y utiliza su influencia para presionar por cambios en la gestión, la estructura corporativa o la estrategia empresarial. Icahn busca maximizar el valor para los accionistas y a menudo aboga por medidas como recompras de acciones, dividendos especiales o fusiones y adquisiciones.

2. **Identificación de Oportunidades de Valor**: Icahn busca oportunidades de inversión en empresas que considera infravaloradas en relación con su potencial de crecimiento o sus activos subyacentes. Utiliza un enfoque de análisis fundamental para evaluar el valor intrínseco de una empresa y busca comprar acciones a precios atractivos.

3. **Fusiones y Adquisiciones**: Icahn ha participado en numerosas operaciones de fusiones y adquisiciones a lo largo de su carrera, aprovechando su experiencia y su red de contactos para identificar oportunidades estratégicas en el mercado. Busca empresas con activos valiosos o un potencial estratégico que puedan ser adquiridas por un precio favorable.

4. **Apalancamiento Financiero**: En algunas ocasiones, Icahn ha utilizado el apalancamiento financiero para aumentar el rendimiento de sus inversiones. Esto puede implicar el uso de derivados financieros o la financiación con deuda para aumentar su exposición a una inversión específica.

5. **Diversificación**: Aunque Icahn es conocido por concentrar sus inversiones en un número limitado de empresas, también reconoce la importancia de la diversificación para reducir el riesgo. Gestiona un portafolio diversificado de inversiones que abarcan una variedad de sectores e industrias.

Para ilustrar el enfoque de inversión de Carl Icahn, consideremos un ejemplo hipotético de activismo acciona-rial:

Supongamos que Icahn adquiere una participación significativa en una empresa llamada "ABC Inc." que cotiza en bolsa. Después de realizar un análisis exhaustivo, Icahn llega a la conclusión de que la empresa está subvalo-rada debido a una gestión deficiente y una estrategia corporativa ineficaz.

Icahn utiliza su influencia como accionista para presionar por cambios en la junta directiva y en la alta di-rección de ABC Inc. Propone medidas como la venta de activos no fundamentales, la reducción de costos opera-tivos y la implementación de una estrategia centrada en el crecimiento y la rentabilidad.

A medida que se implementan estos cambios, la percepción del mercado sobre ABC Inc. mejora y el precio de las acciones aumenta. Icahn vende su participación en la empresa a un precio favorable, obteniendo ganancias significativas para él y otros accionistas.

En resumen, Carl Icahn ha demostrado que su enfoque agresivo de inversión y su capacidad para influir en la dirección de las empresas pueden generar retornos só-lidos para los inversores que siguen sus estrategias. Su enfoque de activismo accionarial y su disposición para aprovechar oportunidades en el mercado le han permitido construir una exitosa carrera como inversor y empresario.

Las últimas empresas en las que Carl Icahn ha invertido dinero incluyen:

1. **Icahn Enterprises**: Es la empresa fundada y controlada por Carl Icahn, una compañía pública y conglomerado diversificado con sede en Sunny Isles Beach, Florida. El modelo de negocio de Icahn es tomar grandes participaciones en empresas que él cree que apreciarán a partir de cambios en la política corporativa.
2. **Xerox**: Icahn tomó una participación en Xerox y calificó

las acciones como "subvaluadas".
3. **Pep Boys**: Icahn tomó una participación en Pep Boys con la intención de realizar acuerdos.
4. **Cheniere Energy**: Icahn aumentó su participación en Cheniere al 13.8%.

John Bogle: Bogle Fue El Fundador De The Vanguard Group Y Es Considerado El Padre De Los Fondos Indexados Y Por Abogar Por La Inversión Pasiva. Su Enfoque De Inversión De Bajo Costo Ha Tenido Un Gran Impacto En La Industria De La Inversión.

Algunas de las estrategias clave que John Bogle ha promovido y que continúan siendo exitosas en la actualidad:

1. **"Inversión en Fondos Indexados"**: Bogle fue un pionero en la promoción de la inversión en fondos indexados, que buscan replicar el rendimiento de un índice de referencia, como el S&P 500, en lugar de tratar de superarlo activamente. Esta estrategia permite a los inversores obtener una exposición diversificada al mercado con costos más bajos que los fondos de gestión activa.

2. **"Bajo Costo y Baja Comisión"**: Bogle enfatizó la importancia de minimizar los costos y las comisiones en la inversión. Creía que los altos costos de gestión y las comisiones pueden erosionar significativamente los retornos de los inversores a largo plazo. Por lo tanto, abogaba por la selección de fondos con gastos bajos y comisiones mínimas.

3. **"Diversificación Amplia"**: Bogle recomendaba una estrategia de inversión ampliamente diversificada para reducir el riesgo y maximizar el potencial de rendimiento a largo plazo. Los fondos indexados ofrecen una forma eficiente de diversificar la cartera, ya que proporcionan exposición a cientos

o miles de acciones en un solo fondo.

4. **Mantener la Disciplina a Largo Plazo**: Bogle instaba a los inversores a mantener la disciplina y la paciencia a largo plazo, evitando reaccionar emocionalmente a las fluctuaciones del mercado. Recalcaba la importancia de mantener una visión a largo plazo y resistir la tentación de hacer cambios frecuentes en la cartera en respuesta a eventos del mercado.

5. **Reinvertir Dividendos y Aportaciones Regulares**: Bogle recomendaba reinvertir los dividendos y realizar aportaciones regulares a la cartera para aprovechar el poder del interés compuesto y maximizar el crecimiento a largo plazo. Esto permite a los inversores beneficiarse del crecimiento exponencial de sus inversiones con el tiempo, ya que los dividendos reinvertidos generan ingresos adicionales que pueden ser reinvertidos para obtener mayores rendimientos en el futuro.

En resumen, John Bogle fue un defensor de la inversión pasiva y los fondos indexados como una forma eficiente y rentable de invertir en el mercado de valores. Su enfoque de bajo costo, amplia diversificación y disciplina a largo plazo ha sido fundamental en el éxito de muchos inversores y continúa siendo relevante en la actualidad.

Empresas en las que Bogle invirtió

No he podido encontrar información disponible sobre las últimas empresas en las que John Bogle invirtió dinero. La información disponible se centra en su legado como padre de los fondos indexados y su impacto en la gestión pasiva de inversiones. Es posible que Bogle haya invertido principalmente en fondos de su propia compañía, Vanguard Group, y en fondos de índice que replican el rendimiento de los mercados en su conjunto, en lugar de invertir directamente en acciones individuales de empresas.

Ray Dalio: Dalio Es El Fundador De Bridgewater Associates, Uno De Los Fondos De Cobertura Más Grandes Del Mundo. Es Conocido Por Su Enfoque De Inversión Basado En Principios Y Su Libro "Principios".

Estrategias actuales exitosas de inversión que utiliza Ray Dalio

Ray Dalio es conocido por su enfoque de inversión basado en principios y por su estrategia de diversificación global. A continuación, detallo algunas de las estrategias clave que Ray Dalio ha utilizado en sus inversiones:

1. ****Inversión en Todo el Mundo****: Dalio aboga por la diversificación global y la inclusión de una amplia gama de activos en la cartera de inversiones. Su enfoque se basa en la idea de que los mercados de diferentes regiones y clases de activos tienen diferentes ciclos económicos y pueden comportarse de manera diferente en momentos específicos.

2. ****Gestión de Riesgos****: Dalio pone un gran énfasis en la gestión de riesgos y la reducción de la volatilidad de la cartera. Utiliza una combinación de activos correlacionados negativamente para mitigar el riesgo y proteger la cartera en diferentes condiciones del mercado.

3. ****Estrategia All Weather****: Dalio es conocido por su estrategia "All Weather", que busca crear una cartera equilibrada y resistente a diferentes condiciones del mercado, como la inflación, la deflación, el crecimiento económico y la recesión. Esta estrategia se basa en la asignación de activos diversificada entre acciones, bonos, oro y otros activos para proporcionar protección en cualquier entorno macroeconómico.

4. ****Análisis Macro****: Dalio realiza un análisis macroeconómico detallado para identificar tendencias y oportunidades de inversión a largo plazo. Utiliza una combinación de análisis

fundamental y técnico para evaluar las perspectivas económicas y financieras globales y ajustar la cartera en consecuencia.

5. **Aprendizaje Continuo**: Dalio enfatiza la importancia del aprendizaje continuo y la adaptación en el mundo de las inversiones. Considera que ningún inversor o estrategia es infalible, por lo que es crucial estar dispuesto a aprender de los errores y mejorar constantemente. Dalio sugiere mantener un diario de inversiones para registrar las decisiones tomadas, los resultados obtenidos y las lecciones aprendidas. Esto permite identificar patrones y tendencias, así como ajustar la estrategia de inversión en consecuencia. Además, Dalio aboga por mantener una mente abierta y estar dispuesto a cuestionar las propias creencias y suposiciones, buscando constantemente nuevas oportunidades y perspectivas en el mercado. El aprendizaje continuo es fundamental para mantenerse actualizado en un entorno de inversión en constante cambio y mejorar constantemente la toma de decisiones financieras.

Dicho de otra forma, Dalio promueve el aprendizaje continuo y la adaptación a medida que cambian las condiciones del mercado y la economía. Su filosofía se basa en la idea de que el mercado es un sistema dinámico y complejo que requiere flexibilidad y capacidad de respuesta por parte de los inversores.

La cartera All Weather se divide equitativamente entre cuatro clases de activos principales: acciones, bonos del gobierno a largo plazo, bonos del gobierno a corto plazo y oro. Esta asignación de activos proporciona una diversificación efectiva y una protección contra diferentes condiciones del mercado, ya que cada clase de activo tiene una correlación diferente con los demás.

Durante períodos de crecimiento económico y alta inflación, las acciones tienden a tener un buen desempeño, mientras que los bonos del gobierno a largo plazo y el oro pueden proporcionar protección contra la inflación. Por otro lado, durante períodos de recesión y deflación, los bonos del gobierno a largo plazo y los bonos del gobierno a corto plazo tienden a tener un mejor desempeño, mientras que el oro puede actuar como un refugio seguro.

En resumen, Ray Dalio ha demostrado que su enfoque de inversión basado en principios y su estrategia All Weather pueden generar retornos sólidos y protección contra la volatilidad del mercado a lo largo del tiempo. Su énfasis en la diversificación global, la gestión de riesgos y el aprendizaje continuo lo convierten en uno de los inversionistas más influyentes y exitosos de nuestro tiempo.

Las últimas empresas en las que Ray Dalio ha invertido dinero incluyen:

1. **Bridgewater Associates**: Ray Dalio es el fundador y gestor de Bridgewater Associates, uno de los mayores fondos de cobertura del mundo, con más de 223 mil millones de dólares bajo gestión. El fondo ha tenido un éxito notable y ha generado ganancias significativas a lo largo de los años.
2. **Walmart**: Dalio compró inicialmente acciones de Walmart en el tercer trimestre de 2020, mostrando interés en el potencial de crecimiento del comercio electrónico de la empresa.
3. **Alibaba**: Ray Dalio también ha invertido en Alibaba, mostrando su interés en el mercado chino y su conocimiento profundo de este mercado.

Estas inversiones muestran la diversificación y el enfoque estratégico de Ray Dalio en el mundo de las inversiones.

Jim Simons: Simons Es Un Matemático Y Fundador Del Renaissance Technologies, Un Fondo De Cobertura Conocido Por Su Enfoque Cuantitativo Y Sus Impresionantes Rendimientos.

Estrategias actuales exitosas de inversión que utiliza Jim Simons

1. ****Modelos Matemáticos y Algoritmos****: Simons emplea modelos matemáticos sofisticados y algoritmos de análisis de

datos para identificar patrones y tendencias en los mercados financieros. Estos modelos utilizan datos históricos y en tiempo real para tomar decisiones de inversión basadas en análisis cuantitativos y estadísticos.

2. **Trading de Alta Frecuencia**: Renaissance Technologies es conocido por su enfoque de trading de alta frecuencia, donde se realizan operaciones de compra y venta en fracciones de segundo utilizando algoritmos complejos y sistemas informáticos de alta velocidad. Este enfoque permite a la empresa aprovechar las pequeñas discrepancias de precios en los mercados financieros y generar ganancias consistentes.

3. **Arbitraje Estadístico**: Simons utiliza estrategias de arbitraje estadístico para aprovechar las ineficiencias del mercado y las discrepancias en los precios de los activos. Estas estrategias se basan en la identificación de relaciones estadísticas entre diferentes activos y la explotación de estas relaciones para generar ganancias.

4. **Diversificación y Gestión del Riesgo**: Renaissance Technologies mantiene una cartera diversificada de estrategias de inversión para mitigar el riesgo y maximizar los rendimientos. Utiliza técnicas avanzadas de gestión del riesgo para controlar la volatilidad de la cartera y protegerse contra pérdidas significativas en condiciones adversas del mercado.

5. **Secretismo y Confidencialidad**: Una de las carac-terísticas distintivas del enfoque de inversión de Jim Simons es el secretismo y la confidencialidad que rodean a su empresa de inversión, Renaissance Technologies. Simons y su equipo han mantenido un hermetismo extremo en torno a sus estrategias y algoritmos comerciales, revelando muy poca información sobre cómo operan o qué activos comercian. Esta falta de transparencia se debe en parte a la creencia de Simons de que mantener en secreto sus métodos les proporciona una ventaja competitiva sobre otros inversores. Al limitar el acceso a sus estrategias y datos, Renaissance Technologies puede evitar que otros intenten copiar o replicar su enfoque de inversión, lo que les permite mantener

su ventaja en el mercado. Además, el secretismo también puede ayudar a proteger la propiedad intelectual y los algoritmos comerciales patentados de la empresa, evitando que se filtren o sean utilizados por competidores. Esta cultura de confidencialidad ha contribuido en gran medida al éxito de Renaissance Technologies y ha convertido a Simons en uno de los inversores más enigmáticos y exitosos del mundo financiero.

La estrategia de trading de alta frecuencia genera ganancias consistentes a lo largo del tiempo, aprovechando las pequeñas discrepancias de precios en el mercado de futuros. A pesar de la volatilidad a corto plazo, la estrategia logra generar rendimientos positivos en un período de tiempo determinado.

En resumen, Jim Simons ha demostrado que su enfoque cuantitativo y algorítmico en la inversión puede generar retornos sólidos y consistentes en los mercados financieros. Su capacidad para aprovechar el poder de los modelos matemáticos y los algoritmos de análisis de datos le ha permitido construir uno de los fondos de cobertura más exitosos y rentables de todos los tiempos.

Las últimas empresas en las que Jim Simons ha invertido dinero

1. **Fundación Simons para el estudio del autismo**: En los últimos años, Jim Simons ha comprometido 38 millones de dólares para el estudio de las causas relacionadas con el autismo, lo que representa la mayor inversión privada en el ámbito de la investigación sobre el autismo. La Fundación Simons ha donado 10 millones de dólares a dos investigadores del Centro de Estudios Infantiles de la Universidad de Yale1.
2. **Renaissance Technologies Corporation**: Jim Simons es el fundador de Renaissance Technologies Corporation, uno de los hedge funds más exitosos del mundo. Desde 1988, su emblemático fondo de cobertura Medallion ha obtenido un rendimiento anual promedio del 66% antes

de cobrar comisiones a los inversores, y del 39% después de esas comisiones.

Estas inversiones y compromisos muestran el enfoque filantrópico y de inversión de Jim Simons en el estudio del autismo y en el mundo de las finanzas.

Philip Fisher: Fisher Fue Un Inversionista Y Autor Conocido Por Su Enfoque En Invertir En Empresas De Alta Calidad A Largo Plazo. Su Libro "Common Stocks And Uncommon Profits" Es Un Clásico En El Mundo De La Inversión.

Estrategias actuales exitosas de inversión que utiliza Philip Fisher

1. ****Inversión en Empresas de Calidad****: Fisher se centraba en invertir en empresas de alta calidad con só-lidos fundamentos y perspectivas de crecimiento a largo plazo. Buscaba empresas con ventajas competitivas sostenibles, como marcas fuertes, tecnología innovadora, ventajas de costos o barreras de entrada significativas.
2. ****Análisis Cualitativo****: Fisher utilizaba un enfoque de análisis cualitativo para evaluar las empresas en las que invertía. Esto implicaba investigar en profundidad la industria, la gestión, la cultura corporativa, la estrategia empresarial y otros aspectos no financieros para evaluar la calidad y el potencial de crecimiento de una empresa.
3. ****Enfoque en la Gestión****: Fisher consideraba que la calidad de la gestión era un factor crítico en el éxito a largo plazo de una empresa. Buscaba empresas con equipos directivos competentes, honestos y orientados al accionista, capaces de ejecutar eficazmente la estrategia empresarial y adaptarse a los cambios del mercado.
4. ****Inversión a Largo Plazo****: Fisher tenía un horizonte de

inversión a largo plazo y prefería mantener sus inversiones durante años, e incluso décadas, si la empresa continuaba mostrando un fuerte desempeño y un potencial de crecimiento sostenible. Creía en la importancia de la paciencia y la disciplina en la inversión a largo plazo.

5. ****Evitar la Especulación****: Philip Fisher era un firme creyente en la importancia de evitar la especulación en el proceso de inversión. En lugar de intentar predecir los movimientos del mercado a corto plazo o buscar ganancias rápidas, Fisher abogaba por un enfoque de inversión fundamentado en la investigación exhaustiva y la comprensión profunda de las empresas en las que se invertía. Esto implicaba centrarse en empresas sólidas con fundamentos saludables, en lugar de intentar cronometrar el mercado o apostar por acciones volátiles con la esperanza de obtener ganancias rápidas. Fisher creía que la especulación era inherentemente arriesgada y podía llevar a pérdidas significativas para los inversores, especialmente aquellos que se dejaban llevar por las emociones y las tendencias del mercado. En cambio, abogaba por un enfoque de inversión a largo plazo, basado en la identificación de empresas con ventajas competitivas sostenibles, equipos de gestión sólidos y perspectivas de crecimiento a largo plazo. Este enfoque más conservador y fundamentado en la investigación ayudó a Fisher a construir una cartera de inversiones exitosa y resistente a las fluctuaciones del mercado a lo largo del tiempo.

El análisis cualitativo implica evaluar una amplia gama de factores no financieros, como la calidad de la gestión, la posición competitiva de la empresa, la innovación tecnológica, la cultura corporativa y la estrategia em-presarial. Fisher creía que estos aspectos eran igualmente importantes, si no más, que los datos financieros tradicionales a la hora de evaluar una empresa.

En resumen, Philip Fisher fue un inversor visionario que utilizó un enfoque de inversión en empresas de calidad a largo plazo. Su énfasis en el análisis cualitativo, la calidad de la gestión y la inversión a largo plazo ha sido fundamental en el éxito de muchos inversores y continúa sien-do relevante en la actualidad.

Las últimas empresas en las que Philip Fisher invirtió dinero incluyen:

1. **Motorola**: En 1955, Philip Fisher adquirió acciones de Motorola, que en aquel entonces era fabricante de radios, y las mantuvo hasta su fallecimiento, lo que representa una inversión a largo plazo de 49 años.
2. **IBM, Dow Chemical y DuPont**: Fisher también invirtió en empresas reconocidas como la tecnológica IBM y las químicas Dow Chemical y DuPont, las cuales tuvieron un crecimiento significativo en un período de 10 años.

Estas inversiones muestran la estrategia de inversión a largo plazo y el enfoque en empresas innovadoras de Philip Fisher, lo que lo convierte en una figura influyente en el mundo de las inversiones.

EPÍLOGO: UN LLAMADO A LA ACCIÓN

Para aquellos que sueñan con alcanzar el éxito en el mundo de la inversión en bolsa, la historia de Simón Salas es un recordatorio de que el camino hacia la riqueza y la prosperidad está al alcance de todos. Con determinación, conocimiento y coraje, cualquier persona puede escribir su propio capítulo de éxito en el mercado de valores.

www.ingramcontent.com/pod-product-compliance
Lightning Source LLC
Chambersburg PA
CBHW031426250726
48656CB00002B/850

* 9 7 9 8 3 2 4 8 1 6 3 0 8 *